KB215530

따뜻한 영어 필사 힐링
매일 따라 쓰는 빨간 머리 앤

표지 이미지는 OpenAI의 'ChatGPT-4'로 생성한 콘텐츠입니다.

따뜻한 영어 필사 힐링

매일 따라 쓰는 빨간 머리 앤

초판 1쇄 발행 2025년 6월 9일

지은이   루시 모드 몽고메리
엮은이   편집부
발행인   곽철식

편 집   김나연
디자인   박영정
마케팅   박미애
펴낸곳   다온북스
인쇄   영신사

출판등록 2011년 8월 18일 제311-2011-44호
주소   경기도 고양시 덕양구 향동동391 향동dmc플렉스데시앙 ka1504호
전화 02-332-4972   팩스 02-332-4872
전자우편   daonb@naver.com

ISBN 979-11-93035-66-5 (13740)

• 이 책은 저작권법에 따라 보호받는 저작물이므로 무단 전재와 무단 복제를 금하며,
  이 책의 내용의 전부 또는 일부를 사용하려면 반드시 저작권자와 다온북스의 서면 동의를 받아야 합니다.
• 잘못되거나 파손된 책은 구입한 서점에서 교환해 드립니다.

• 다온북스는 독자 여러분의 아이디어와 원고 투고를 기다리고 있습니다.
  책으로 만들고자 하는 기획이나 원고가 있다면, 언제든 다온북스의 문을 두드려 주세요.

따뜻한 영어 필사 힐링

Anne of Green Gables

매일 따라 쓰는 빨간 머리 앤

지은이 **루시 모드 몽고메리** 엮은이 **편집부**

다온북스
DAON BOOKS

서문

♬주근깨 빼빼 마른 빨간 머리 앤 / 예쁘지는 않지만 사랑스러워 / 상냥하고 귀여운 빨간 머리 앤 / 외롭고 슬프지만 굳세게 자라

어린 시절 누구나 한 번쯤 따라 불러봤을 노래입니다. 삐뚤삐뚤 빨간 머리에 주근깨 투성이의 사랑스러운 소녀, 앤. 앤의 모습은 선명하지만 이야기를 제대로 기억하는 어른은 몇 명이나 될까요? 지금 이 책을 집어 든 당신은 얼마나 기억하고 있나요?

우연한 실수로 입양된 앤이 고생 끝에 입양 가정에 정착하고 성장해 가는 과정을 그린, 루시 모드 몽고메리의 소설 《빨간 머리 앤》. 특유의 풍부한 상상력과 솔직한 성격으로 주변에 기쁨과 영향을 주지만, 종종 사고를 치기도 하죠. 하지만 앤은 다양한 사람들과의 관계를 통해 성숙해지고 자신의 길을 찾아갑니다. 그녀의 성장을 통해 우리는 어른이 되어온 우리들을 되돌아볼 수 있죠. 늘 그 나이에 멈춰있을 것 같은 주인공도 결국은 나이를 들고 어른이 되기까지 숱한 고통과 행복을 경험한다는 것. 어쩌면 우리의 삶이 앤을 통해 그려진 것은 아닐까요?

삶에 치여 마음의 여유를 잃은 누군가. 하얗게 불태운 하루 끝, 공허함과 허무함에 사로잡힌 누군가. 당장 내일이 막연하게만 느껴지는 누군가. 개방적이고 개성적이었던 어린 날의 자기를 그리워하는 누군가…. 어느새 어른이 되어 내 몸 하나 혹은 나와 함께하는 구성원을 책임져야 하는 책임감에, 자신도 모르는 사이 순수함과 상상력을 잊고 산지도 모르겠습니다. 그런 우리는 한 번씩 그 시절을 꺼내어 내 몸과 마음, 머릿속을 휘감는 감정을 환기하고 싶어집니다. 앤은 우리에게 이렇게 말할 것 같지 않나요?

"나중에 알게 될 일들을 생각하는 것도 정말 멋져요.
그러면 살아 있다는 사실이 기쁘게 느껴지거든요."

"내일은 아직 아무런 실수도 저지르지 않은 새날이라는 게 참 멋진 것 같아요."

"나이 때문에 꿈꾸지 못하는 사람은 없어요. 꿈은 결코 나이를 먹지 않으니까요."

앤의 말들에 잊고 살던 두근거림이 떠오릅니다. 현실은 동화 같지 않지만, 내가 나를 동화 속 주인공이라 생각하며 지냈던 그 시절의 두근거림. 우리는 모두 각자 인생의 주인공입니다. 여러분은 여러분의 내일에 어떤 이야기를 쓰고 싶으신가요? 아직 오지 않은 내일, 당신에게 어떤 행복한 일이 찾아올지 기대되지 않나요?

영어 필사와 함께 앤의 성장 과정과 앤의 위로를 통해 다시 한번 '꿈'을 꾸는 즐거운 내일을 기다리는 자신을 발견하게 될 거예요. 자, 이제 《매일 따라 쓰는 빨간 머리 앤》과 마음껏 사랑하고 상상하고 즐거운 하루를 만나 보세요.

"시간이 우리에게 선물하는 건
이런저런 일을 겪으며
똑같은 상황을 바라보는 관점을
바꾸게 하는 힘 아닐까."

목차

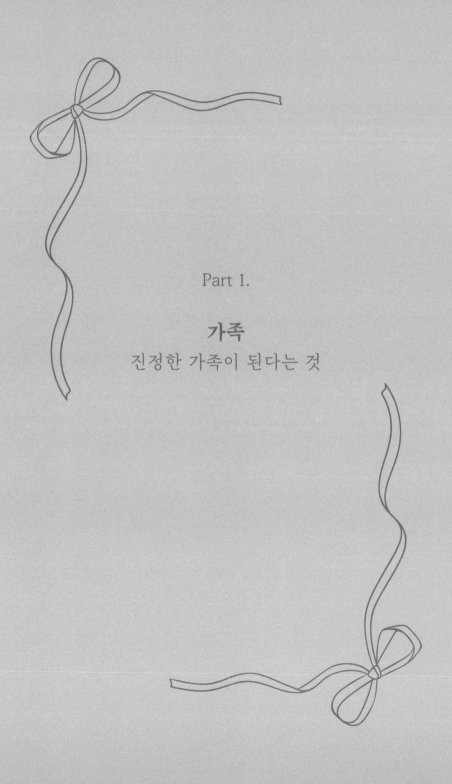

Part 1.

가족
진정한 가족이 된다는 것

01

Oh, it seems so wonderful that I'm going to live with you and belong to you. I've never belonged to anybody—not really. But the asylum was the worst. I've only been in it four months, but that was enough. I don't suppose you ever were an orphan in an asylum, so you can't possibly understand what it is like. They were good, you know—the asylum people. But there is so little scope for the imagination in an asylum.

———————

오, 아저씨와 가족이 된다는 건 참 멋진 것 같아요. 저는 누구의 가족이 되어본 적이 없어요. 보육원은 최악이었어요. 그 생활이 4개월밖에 되지 않았지만 그걸로 충분했어요. 아저씨는 고아가 된 적이 없어서 그 생활이 어떤지 이해할 수 없을 거예요. 사람들은 좋았어요, 보육원 사람들요. 하지만 그곳 생활은 상상력을 발휘할 여지가 너무 적어요.

02

When you are imagining you might as well imagine something worthwhile. I felt cheered up right away and I enjoyed my trip to the Island with all my might, Oh, there are a lot more cherry-tress all in bloom! This Prince Edward Island is the bloomiest place. I just love it already, and I'm so glad I'm going to live here. I've always heard that Prince Edward Island was the prettiest place in the world, and I used to imagine I was living here, but I never really expected I would. It's delightful when your imaginations come true, isn't it?

상상할 때는 가치 있는 것을 상상하는 게 좋아요. 저는 바로 기분이 좋아져서 이 섬까지 오는 길이 정말 즐거웠어요. 오, 벚꽃이 많이 피어 있네요! 이 프린스 에드워드 섬은 꽃이 만발한 곳이네요. 전 이미 이곳을 사랑하고, 여기서 살게 되어 정말 기뻐요. 프린스 에드워드 섬이 세상에서 가장 아름다운 곳이라는 말을 항상 들었어요. 제가 이곳에서 살고 있다고 상상하곤 했지만, 실제로 그렇게 될 줄은 몰랐어요. 상상이 이루어지면 정말 기쁜 일 아닌가요?

03

'Well, that is one of the things to find out sometime. Isn't it splendid to think of all the things there are to find out about? It just makes me feel glad to be alive— it's such an interesting world. It wouldn't be half so interesting if we know all about everything, would it? There'd be no scope for imagination then, would there? But am I talking too much? People are always telling me I do. Would you rather I didn't talk? If you say so I'll stop. I can stop when I make up my mind to it, although it's difficult.'

"음, 그건 언젠가 알아내야 할 일 중 하나네요. 알아내야 할 모든 것을 생각하면 멋지지 않나요? 살아 있다는 것 자체가 기뻐요. 세상은 흥미로우니까요. 우리가 모든 것을 다 안다면 절반도 흥미롭지 않을 거예요. 그러면 상상의 여지가 없겠죠? 제가 너무 많이 말하나요? 사람들은 항상 제가 말이 많다고 말해요. 제가 말하지 않는 게 나을까요? 그렇다면 그만할게요. 어렵지만 결심하면 멈출 수 있어요."

04

'Oh, you can talk as much as you like. I don't mind.'

'Oh, I'm so glad. I know you and I are going to get along together fine. It's such a relief to talk when one wants to and not be told that children should be seen and not heard. I've had that said to me a million times if I have once. And people laugh at me because I use big words. But if you have big ideas you have to use big words to express them, haven't you?'

'Well now, that seems reasonable,' said Matthew.

"오, 원하는 만큼 말해도 된단다. 나는 상관없어."

"오, 정말 기뻐요. 아저씨와 잘 지낼 거라는 걸 알아요. 말하고 싶을 때 마음껏 말할 수 있다는 건 정말 큰 위안이 돼요. 아이들은 보기만 하고 말하면 안 된다는 말을 듣지 않아도 되는 것처럼요. 그런 말을 한 번이라도 들었다면 백만 번은 들었을 거예요. 사람들이 제가 어려운 단어를 사용한다고 웃기도 해요. 하지만 큰 생각이 있다면 그것을 표현하기 위해 어려운 단어를 써야 하지 않겠어요?"

"음, 그건 그렇구나." 매튜가 말했다.

05

'Fancy. It's always been one of my dreams to live near a brook. I never expected I would, though. Dreams don't often come true, do they? Wouldn't it be nice if they did? But just now I feel pretty nearly perfectly happy.'

"정말 멋지네요. 항상 개울 근처에 사는 게 제 꿈 중 하나였어요. 그런데 그 꿈이 이뤄질 거라고는 생각도 못했죠. 꿈이 이루어지는 일은 흔치 않잖아요? 하지만 이루어진다면 얼마나 좋을까요? 그래도 지금 이 순간, 거의 완벽하게 행복해요."

06

'Pretty? Oh, PRETTY doesn't seem the right word to use. Nor beautiful, either. They don't go far enough. Oh, it was wonderful—wonderful. It's the first thing I ever saw that couldn't be improved upon by imagination. It just satisfies me here'—she put one hand on her breast—'it made a queer funny ache and yet it was a pleasant ache. Did you ever have an ache like that, Mr. Cuthbert?'

'Well now, I just can't recollect that I ever had.'

"예쁘다고요? 오, 예쁘다는 표현은 적절하지 않은 것 같아요. 아름답다고도 말할 수 없어요. 그런 단어들은 이 감정을 충분히 담아내지 못하거든요. 경이롭다는 표현이 맞겠죠. 제가 상상력으로도 더 나아질 수 없다고 느낀 건 이번이 처음이에요. 그냥 여기에 딱 만족스러운 느낌이에요." 앤은 가슴에 손을 얹으며 말했다. "이상하고도 묘한 아픔 같은 걸 느꼈지만, 기분 좋은 아픔이었어요. 커스버트 씨, 이런 아픔을 느껴본 적 있으신가요?"

"글쎄, 내가 그런 적이 있었는지 기억이 안 나는구나."

07

'Well, well, there's no need to cry so about it.'

'Yes, there is need!' The child raised her head quickly, revealing a tear-stained face and trembling lips. 'You would cry, too, if you were an orphan and had come to a place you thought was going to be home and found that they didn't want you because you weren't a boy. Oh, this is the most tragical thing that ever happened to me!'

"아이고, 뭐 그렇게까지 울 필요는 없잖아."

"아니요, 울어야 해요!" 앤은 눈물로 얼룩진 얼굴을 들어 올리며 떨리는 입술로 외쳤다. "누구라도 울었을 거예요. 고아로 살다가 드디어 집이라고 생각했던 곳에 왔는데, 단지 남자아이가 아니라는 이유로 원하지 않는다고 한다면 말이죠. 오, 이건 내 인생에서 가장 비극적인 일이에요!"

08

'Oh, it makes such a difference. It looks so much nicer. When you hear a name pronounced can't you always see it in your mind, just as if it was printed out? I can; and A-n-n looks dreadful, but A-n-n-e looks so much more distinguished.'

"아, 그게 정말 큰 차이를 만들어요. 훨씬 더 보기 좋아지죠. 이름을 들으면 마치 그것이 글자로 적혀 있는 것처럼 머릿속에 떠오르지 않나요? 저는 그래요. 'A-n-n'은 너무 밋밋해 보이지만, 'A-n-n-e'는 훨씬 더 품위 있어 보여요."

09

It was broad daylight when Anne awoke and sat up in bed, staring confusedly at the window through which a flood of cheery sunshine was pouring and outside of which something white and feathery waved across glimpses of blue sky. For a moment she could not remember where she was. First came a delightful thrill, as something very pleasant; then a horrible remembrance.

앤은 밝은 대낮에 잠에서 깨어나 침대에 앉았다. 그녀는 창밖을 멍하게 바라보았다. 창문을 통해 따스하고 환한 햇살이 쏟아져 들어왔고, 바깥에서는 새하얗고 가벼운 무언가가 푸른 하늘 사이로 흔들리고 있었다. 잠깐 그녀는 자신이 어디에 있는지 기억하지 못했다. 먼저 기분 좋은 감흥이 밀려왔다. 마치 무언가 즐거운 일이 기다리고 있는 듯한 느낌이었다. 그리고 곧 끔찍한 기억이 떠올랐다.

10

This was Green Gables and they didn't want her because she wasn't a boy! But it was morning and, yes, it was a cherry-tree in full bloom outside of her window. With a bound she was out of bed and across the floor. She pushed up the sash—it went up stiffly and creakily, as if it hadn't been opened for a long time, which was the case; and it stuck so tight that nothing was needed to hold it up.

이곳은 그린게이블스였다. 이곳 사람들은 자신이 남자아이가 아니어서 원하지 않았다! 하지만 아침이었고, 창밖에는 만개한 벚나무가 서 있었다. 앤은 침대에서 벌떡 일어나 바닥을 가로질러 달려갔다. 그녀는 창문을 들어 올렸다. 오랫동안 열리지 않았던 것처럼 뻣뻣하고 삐걱거리는 소리가 났다. 실제로 그랬다. 창문은 너무 꽉 끼어 있어 따로 받칠 필요도 없었다.

11

Anne dropped on her knees and gazed out into the June morning, her eyes glistening with delight. Oh, wasn't it beautiful? Wasn't it a lovely place? Suppose she wasn't really going to stay here! She would imagine she was. There was scope for imagination here.

앤은 무릎을 꿇고 앉아 6월의 아침을 바라보았다. 그녀의 눈은 기쁨으로 반짝였다. 아, 정말 아름답지 않은가? 정말 멋진 곳이 아닌가? 혹시 여기에서 정말 살 수 없으면 어떡하지? 하지만 그녀는 살 거라고 상상하기로 했다. 이곳에는 상상의 여지가 있었다.

12

Anne's beauty-loving eyes lingered on it all, taking everything greedily in. She had looked on so many unlovely places in her life, poor child; but this was as lovely as anything she had ever dreamed.

앤은 아름다움을 사랑스러운 눈길로 주변을 오래 바라보았다. 그녀는 삶에서 수많은 삭막한 장소들을 보아왔던 가엾은 아이였다. 하지만 이곳은 그녀가 꿈꿔왔던 그 어떤 것만큼이나 아름다웠다.

13

They're always laughing. Even in winter-time I've heard them under the ice. I'm so glad there's a brook near Green Gables. Perhaps you think it doesn't make any difference to me when you're not going to keep me, but it does. I shall always like to remember that there is a brook at Green Gables even if I never see it again. If there wasn't a brook I'd be haunted by the uncomfortable feeling that there ought to be one.

그들은 항상 웃고 있어요. 겨울에도 얼음 아래에서 웃음소리가 들리곤 했어요. 그린게이블스 근처에 개울이 있어서 정말 다행이에요. 당신은 제가 곧 떠나게 될 거라서 아무 상관없다고 생각할지도 모르지만, 저에게는 정말 중요한 일이에요. 그린게이블스에는 개울이 있다는 사실을 언제까지나 기억하고 싶어요. 설령 다시는 볼 수 없게 된다 해도요. 만약 개울이 없었다면, 있어야 할 무언가가 빠진 듯한 불편한 느낌에 시달렸을 거예요.

14

I'm not in the depths of despair this morning. I never can be in the morning. Isn't it a splendid thing that there are mornings? But I feel very sad. I've just been imagining that it was really me you wanted after all and that I was to stay here for ever and ever. It was a great comfort while it lasted. But the worst of imagining things is that the time comes when you have to stop and that hurts.

오늘 아침은 절망 속에 있지 않았어요. 저는 절대 아침에는 절망할 수 없어요. 아침이 있다는 건 얼마나 멋진 일인가요? 하지만 그러면서도 아주 슬픈 기분이 들어요. 사실은 저를 원했던 것이고, 그래서 영원히 여기 머물게 될 거라고 상상하고 있었어요. 그 상상을 하는 동안 참 큰 위안이 됐어요. 하지만 상상의 가장 끔찍한 점은 결국 멈춰야 하는 순간이 온다는 거예요. 그리고 그건 참 마음을 아프게 해요.

15

'I don't feel as if I wanted any more children to look after than I've got at present. You're problem enough in all conscience. What's to be done with you I don't know. Matthew is a most ridiculous man.'

'I think he's lovely,' said Anne reproachfully. 'He is so very sympathetic. He didn't mind how much I talked—heseemed to like it. I felt that he was a kindred spirit as soon as ever I saw him.'

———

"난 지금 돌보고 있는 아이들만으로도 충분하다고 느껴. 너 하나만으로도 걱정거리가 넘쳐 나니까. 도대체 너를 어떻게 해야 할지 모르겠구나. 매튜는 정말 말도 안 되는 사람이야."

앤은 서운한 듯 말했다. "난 그분이 참 멋진 분이라고 생각해요. 너무 따뜻한 분이잖아요. 내가 아무리 많이 떠들어도 전혀 개의치 않으셨고, 오히려 좋아하시는 것 같았어요. 저는 처음 보는 순간부터 내적 교감을 나눌 수 있는 분이라고 느꼈어요."

16

There is no use in loving things if you have to be torn from them, is there? And it's so hard to keep from loving things, isn't it? That was why I was so glad when I thought I was going to live here. I thought I'd have so many things to love and nothing to hinder me. But that brief dream is over. I am resigned to my fate now, so I don't think I'll go out for fear I'll get unresigned again.

좋아하는 걸 결국 잃어야 한다면, 사랑하는 게 무슨 의미가 있겠어요? 그런데도 좋아하지 않는다는 건 참 어려운 일이죠, 그렇지 않나요? 그래서 제가 이곳에서 살 거라고 생각했을 때 정말 기뻤어요. 사랑할 수 있는 것이 많고, 그걸 방해할 장애물이 없을 거라고 믿었거든요. 하지만 그 짧은 꿈은 끝났어요. 이제는 제 운명을 받아들이기로 했으니까, 다시 미련이 생길까 봐 밖으로 나가지 않는 게 좋을 것 같아요.

17

I've made up my mind to enjoy this drive. It's been my experience that you can nearly always enjoy things if you make up your mind firmly that you will. Of course, you must make it up FIRMLY. I am not going to think about going back to the asylum while we're having our drive. I'm just going to think about the drive.

저는 이 길을 즐기기로 마음먹었어요. 제 경험상, 무언가를 즐기겠다고 굳게 결심하면 거의 항상 즐길 수 있었어요. 물론 정말 확고하게 마음먹어야 해요. 이 길을 가는 동안은 보육원으로 돌아가는 일은 생각하지 않을 거예요. 오직 이 길만 생각할 거예요.

18

'My life is a perfect graveyard of buried hopes.' That's a sentence I read in a book once, and I say it over to comfort myself whenever I'm disappointed in anything. Why, because it sounds so nice and romantic, just as if I were a heroine in a book, you know. I am so fond of roman tic things, and a graveyard full of buried hopes is about as romantic a thing as one can imagine isn't it? I'm rather glad I have one.

'내 인생을 묻힌 희망들로 가득한 완벽한 묘지다.' 이 문장은 제가 예전에 책에서 읽은 건데, 무언가에 실망할 때마다 스스로를 위로하려고 되뇌곤 해요. 왜냐하면, 그 말이 참 멋지고 낭만적으로 들리잖아요. 마치 제가 책 속의 여주인공이 된 것 같은 느낌이 들어요. 저는 낭만적인 것들을 정말 좋아해요. 그리고 희망이 묻힌 묘지야말로 상상할 수 있는 가장 낭만적인 장소 아닌가요? 그래서 저는 그런 묘지를 하나 가지고 있다는 게 오히려 기뻐요.

19

I do wish she'd lived long enough for me to remember calling her mother. I think it would be so sweet to say 'mother,' don't you? And father died four days afterwards from fever too. That left me an orphan and folks were at their wits' end, so Mrs. Thomas said, what to do with me. You see, nobody wanted me even then.

"엄마를 '엄마'라고 부를 수 있을 만큼 오래 살아 계셨다면 좋았을 텐데. '엄마'라고 부르는 건 정말 다정하지 않나요? 아버지도 나흘 후 열병으로 돌아가셨어요. 그래서 저는 고아가 됐고, 사람들은 저를 어떻게 해야 할지 몰랐어요. 그래서 토머스 부인은 고민하셨죠. 아시다시피 그때도 저를 원하는 사람은 아무도 없었어요."

20

Pity was suddenly stirring in her heart for the child. What a starved, unloved life she had had—a life of drudgery and poverty and neglect; for Marilla was shrewd enough to read between the lines of Anne's history and divine the truth. No wonder she had been so delighted at the prospect of a real home. It was a pity she had to be sent back. What if she, Marilla, should indulge Matthew's unaccountable whim and let her stay? He was set on it; and the child seemed a nice, teach able little thing.

마릴라의 마음속에서 불쑥 연민이 피어올랐다. 저 아이는 얼마나 굶주리고, 사랑받지 못한 삶을 살아왔을까. 고된 노동과 가난, 그리고 방치 속에서 말이다. 하지만 마릴라는 앤의 이야기를 곰곰이 되짚어 보며 그 속에 숨겨진 진실을 읽어낼 만큼 영리했다. 그러니 앤이 진짜 집을 갖게 된다는 생각에 그렇게 기뻐했던 것도 무리가 아니었다.

21

'I suppose I might as well tell you. Matthew and I have decided to keep you—that is, if you will try to be a good little girl and show yourself grateful. Why, child, whatever is the matter?'

'I'm crying,' said Anne in a tone of bewilderment. 'I can't think why. I'm glad as glad can be. Oh, glad doesn't seem the right word at all. I was glad about the White Way and the cherry blossoms—but this! Oh, it's something more than glad. I'm so happy. I'll try to be so good. It will be uphill work, I expect, for Mrs. Thomas often told me I was desperately wicked. However, I'll do my very best. But can you tell me why I'm crying?'

"말해줘야겠구나. 매튜와 나는 너를 키우기로 했단다. 물론, 네가 착한 아이처럼 행동하고 감사하는 마음을 보인다면 말이야. 앤, 무슨 일 있니?"

"눈물이 나요." 앤이 어리둥절한 목소리로 말했다. "왜 그런지 모르겠어요. 정말 기뻐요. 아, 기쁘다는 표현은 좀 적절하지 않은 것 같아요. 하얀 길과 벚꽃 때문에 기뻤는데, 이건! 이건 단순한 기쁨을 넘어섰어요. 너무 행복해요. 착하게 살도록 노력할게요. 아마 힘든 일이 되겠지만요. 토머스 부인은 제가 못됐다고 자주 말씀하셨거든요. 하지만 최선을 다할게요. 그런데 왜 눈물이 나는 걸까요?"

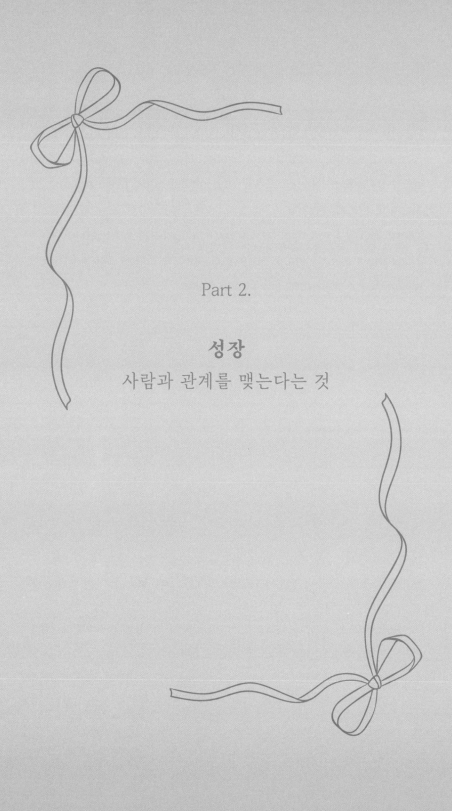

Part 2.

성장

사람과 관계를 맺는다는 것

22

'do you think that I shall ever have a bosom friend in Avonlea? A bosom friend—an intimate friend, you know—a really kindred spirit to whom I can confide my inmost soul. I've dreamed of meeting her all my life.'

'Diana Barry lives over at Orchard Slope and she's about your age. She's a very nice little girl, and perhaps she will be a playmate for you when she comes home.

"제가 에이번리에서 평생 함께할 친구를 만날 수 있을까요? 정말 친밀한 친구, 마음 깊은 곳까지 털어놓을 수 있는 진정한 영혼의 단짝 말이에요. 저는 평생 그런 친구를 만나기를 꿈꿨어요."

"다이애나 배리라는 아이가 오처드 슬로프에 살고 있어. 또래 아인데 아주 착한 소녀란다. 아마 그 아이가 돌아오면 너의 좋은 친구가 되어줄 거야."

23

'I don't get cross about other things; but I'm so tired of being twitted about my hair and it just makes me boil right over. Do you suppose my hair will really be a handsome auburn when I grow up?'

'You shouldn't think so much about your looks, Anne. I'm afraid you are a very vain little girl. Handsome is as handsome does,' quoted Marilla.

"다른 일에는 화를 내지 않아요. 하지만 제 머리 때문에 놀림받는 게 너무 지겨워요. 그러면 그냥 속에서 화가 끓어오르는 것 같아요. 제가 크면 제 머리가 정말 예쁜 적갈색이 될까요?"

"앤. 외모에 너무 신경 쓰지 말렴. 넌 정말 허영심이 많은 아이 같구나. 행동이 훌륭한 사람이야말로 진정한 멋진 사람이란다." 마릴라가 말했다.

24

'Oh, Diana,' said Anne at last, clasping her hands and speaking almost in a whisper, 'oh, do you think you can like me a little— enough to be my bosom friend?'

Diana laughed. Diana always laughed before she spoke. 'Why, I guess so,' she said frankly. 'I'm awfully glad you've come to live at Green Gables. It will be jolly to have somebody to play with.'

"오, 다이애나!" 앤이 마침내 두 손을 꼭 잡고 거의 속삭이듯 말했다. "혹시 나랑 친해져서 단짝 친구가 되어줄 수 있니?"

다이애나가 웃었다. 다이애나는 항상 말하기 전에 웃었다. "음, 그럴 수도 있겠지." 그녀가 솔직하게 말했다. "네가 그린게이블스에 살게 돼서 정말 기뻐. 같이 놀 친구가 생긴다는 건 정말 즐거운 일이야."

25

'You set your heart too much on things, Anne,' said Marilla, with a sigh. 'I'm afraid there'll be a great many disappointments in store for you through life.'

'Oh, Marilla, looking forward to things is half the pleasure of them,' exclaimed Anne. 'You mayn't get the things themselves; but nothing can prevent you from having the fun of looking forward to them. Mrs. Lynde says, 'Blessed are they who expect nothing for they shall not be disappointed.' But I think it would be worse to expect nothing than to be disappointed.'

"앤, 너는 너무 많은 것에 마음을 쏟는구나." 마릴라가 한숨을 쉬며 말했다. "살면서 실망할 일이 정말 많을 거야."

"오, 마릴라 아주머니, 기대하는 게 즐거움의 반이에요!" 앤이 힘주어 말했다. "실제로 그걸 얻을 수는 없겠지만, 기대하는 즐거움을 막을 수 있는 건 없잖아요. 린드 아주머니는 늘 말씀하세요. '아무것도 기대하지 않는 사람이 실망하지 않는다'라고요. 저는 실망하는 것보다 아무것도 기대하지 않는 게 더 나쁘다고 생각해요."

26

'What a splendid day!' said Anne, drawing a long breath. 'Isn't it good just to be alive on a day like this? I pity the people who aren't born yet for missing it. They may have good days, of course, but they can never have this one.'

"정말 멋진 날이야!" 앤이 깊이 숨을 들이마시며 말했다. "이런 날 살아있다는 것만으로도 참 좋지 않니? 아직 태어나지 않은 사람들이 오늘을 경험하지 못한다는 게 안타까워. 물론 그들도 좋은 날을 맞이할 수 있겠지만, 바로 오늘은 누릴 수 없는 거잖아."

27

She learned her lessons at home, did her chores, and played with Diana in the chilly purple autumn twilights; but when she met Gilbert Blythe on the road or encountered him in Sunday school she passed him by with an icy contempt that was no whit thawed by his evident desire to appease her. Even Diana's efforts as a peacemaker were of no avail. Anne had evidently made up her mind to hate Gilbert Blythe to the end of life.

앤은 집에서 공부하고, 집안일을 하며, 쌀쌀한 보랏빛 가을 노을 아래서 다이애나와 놀곤 했다. 하지만 길에서 길버트 블라이스를 만나거나 교회 학교에서 마주칠 때면, 앤과 화해하기를 바라는 길버트를 보고도, 앤은 차가운 경멸의 눈길로 그를 지나쳤다. 다이애나가 중재하려고 애를 써도 소용없었다. 앤은 길버트 블라이스를 평생 미워하기로 마음먹은 듯했다.

28

As much as she hated Gilbert, however, did she love Diana, with all the love of her passionate little heart, equally intense in its likes and dislikes.

'Whatever's the matter now, Anne?' she asked. 'It's about Diana,' sobbed Anne luxuriously. 'I love Diana so, Marilla. I cannot ever live without her. But I know very well when we grow up that Diana will get married and go away and leave me. And oh, what shall I do?'

'Well, Anne Shirley,' said Marilla as soon as she could speak, 'if you must borrow trouble, for pity's sake borrow it handier home. I should think you had an imagination, sure enough.'

길버트를 미워하는 만큼, 앤은 다이애나를 사랑했다. 그녀의 열정적인 어린 가슴속은 좋아하는 것과 싫어하는 것이 모두 똑같이 강렬했다.

"무슨 일이야, 앤?" 마릴라가 물었다.

"다이애나 때문이에요." 앤은 흐느끼며 말했다. "다이애나를 너무 좋아해요. 다이애나 없이는 절대 살 수 없어요. 하지만 어른이 되면 다이애나는 결혼해서 절 두고 떠날 거라는 걸 잘 알고 있어요. 그럼 저는 어떻게 해야 하죠?"

"앤 셜리, 꼭 걱정을 사서 해야 한다면, 제발 좀 더 현실적인 걱정을 하렴. 네 상상력은 정말 대단하구나." 마릴라가 겨우 말을 꺼냈다.

29

'Your mother hasn't relented?' she gasped. Diana shook her head mournfully.

'No; and oh, Anne, she says I'm never to play with you again. I've cried and cried and I told her it wasn't your fault, but it wasn't any use. I had ever such a time coaxing her to let me come down and say good-bye to you. She said I was only to stay ten minutes and she's timing me by the clock.'

"너희 어머니께서 마음이 풀리셨니?" 앤이 숨을 헐떡이며 물었다. 다이애나는 슬프게 고개를 저었다.

"아니, 그리고 앤, 어머니께서 다시는 너와 놀지 말라고 하셨어. 나는 울고 또 울면서 네 잘못이 아니라고 말씀드렸지만, 아무 소용이 없었어. 겨우 설득해서 너에게 작별 인사를 하러 올 수 있었어. 어머니께서 딱 10분만 머물러야 한다고 하셨고, 지금 시계를 보며 시간을 재고 계셔."

30

'Oh, Diana, will you promise faithfully never to forget me, the friend of your youth, no matter what dearer friends may caress thee?'

'Indeed I will,' sobbed Diana, 'and I'll never have another bosom friend—I don't want to have. I couldn't love anybody as I love you.'

'I thought you liked me of course but I never hoped you loved me.'

"오, 다이애나, 날 절대 잊지 않겠다고 약속해 줄 수 있니? 더 소중한 친구들이 생기더라도 말이야?"

"그럼, 물론이지." 다이애나가 흐느끼며 말했다. "나는 절대 다른 단짝 친구를 두지 않을 거야. 그럴 필요도 없어. 난 너만큼 사랑할 수 있는 사람이 없을 거야. 난 네가 나를 좋아한다고는 생각했지만, 사랑한다고는 기대하지 않았어."

'I love you devotedly, Anne,' said Diana stanchly, 'and I always will, you may be sure of that.'

'I will always love thee, Diana,' said Anne, solemnly extending her hand. 'In the years to come thy memory will shine like a star over my lonely life,'

"난 너를 진심으로 사랑해, 앤." 다이애나가 단호하게 말했다. "그리고 언제까지나 그럴 거야. 그건 확실해."

"나는 언제까지나 너를 사랑할 거야, 다이애나. 앞으로의 세월 동안, 너에 대한 기억은 내 외로운 삶을 밝히는 별처럼 빛날 거야." 앤이 손을 내밀며 말했다.

31

'That little redheaded girl they have over at Cuthbert's is as smart as they make 'em. I tell you she saved that baby's life, for it would have been too late by the time I got there. She seems to have a skill and presence of mind perfectly wonderful in a child of her age. I never saw anything like the eyes of her when she was explaining the case to me.'

"그 커스버트 씨 집에 있는 빨간 머리 소녀는 정말 영리해요. 제가 도착했을 때는 이미 너무 늦었을 텐데, 그녀가 그 아기의 생명을 구했어요. 그녀는 나이에 비해 놀라운 침착함과 판단력을 가지고 있는 것 같아요. 그녀가 저에게 상황을 설명할 때의 눈빛은 정말 인상적이었어요."

32

Anne flew out of the pantry, dripping dishcloth in hand.

'Anne Shirley, you're dripping greasy water all over the floor. I never saw such a careless child.'

'Oh, I know I'm a great trial to you, Marilla, I make so many mistakes. But then just think of all the mistakes I don't make, although I might, but you see Matthew did. Matthew understands me, and it's so nice to be understood, Marilla.'

앤은 부엌 찬장에서 뛰쳐나오며 손에 젖은 행주를 들고 있었다.

"앤 셜리, 바닥에 기름 묻은 물을 흘리고 있잖니. 난 이렇게 부주의한 아이는 처음 봐."

"오, 마릴라 아주머니. 제가 큰 골칫거리라는 걸 알아요. 실수를 너무 많이 하죠. 하지만 생각해 보세요. 내가 저지를 수도 있었지만 하지 않은 실수도 많다는 걸 알아주세요. 그리고 매튜 아저씨는 저를 이해해요. 이해받는다는 건 정말 기분 좋은 일이에요. 마릴라 아주머니."

33

'I've made up my mind to stay simply for the sake of getting better acquainted with that Anne-girl,' she said frankly. 'She amuses me, and at my time of life an amusing person is a rarity.'

'Miss Barry was a kindred spirit, after all,' Anne confided to Marilla. 'You wouldn't think so to look at her, but she is. You don't find it right out at first, as in Matthew's case, but after a while you come to see it. Kindred spirits are not so scarce as I used to think. It's splendid to find out there are so many of them in the world.'

"나는 그 앤이라는 아이를 좀 더 알아가기 위해서 머물기로 했다." 조세핀 할머니가 솔직하게 말했다. "그 아이는 나를 즐겁게 해줘. 내 나이쯤 되면 재미있는 사람을 만나는 게 드문 일이거든."

"조세핀 할머니는 결국 저의 영혼의 동반자였어요." 앤이 마릴라에게 속삭였다. "겉모습만 보면 그렇게 생각되지 않겠지만, 사실 그래요. 매튜 아저씨처럼 처음에는 잘 모르지만, 시간이 지나면 알게 되죠. 예전에는 영혼의 동반자가 아주 드문 존재라고 생각했는데, 이제는 그렇지 않다는 걸 알게 되었어요. 세상에 이렇게 많은 영혼의 동반자가 있다는 걸 깨닫는 건 정말 멋진 일이에요."

34

'Marilla, isn't it nice to think that tomorrow is a new day with no mistakes in it yet?'

'I'll warrant you'll make plenty in it,' said Marilla. 'I never saw your beat for making mistakes, Anne.'

'Yes, and well I know it,' admitted Anne mournfully. 'But have you ever noticed one encouraging thing about me, Marilla? I never make the same mistake twice.'

'I don't know as that's much benefit when you're always making new ones.'

"마릴라 아주머니, 내일이 아직 아무 실수도 저지르지 않은 새로운 날이라고 생각하니, 기분 좋지 않나요?"

"장담하는데, 너는 내일도 실수가 많을 거야." 마릴라가 말했다. "난 이렇게 실수를 잘하는 아이는 처음 봐, 앤."

"저도 알아요." 앤이 슬프게 인정했다. "하지만 마릴라 아주머니, 제게서 한 가지 좋은 점을 알아챈 적 있으세요? 저는 같은 실수를 두 번 하지 않아요."

"늘 새로운 실수를 저지르는 네가 그런다고 뭐 달라지겠어?"

'Oh, don't you see, Marilla? There must be a limit to the mistakes one person can make, and when I get to the end of them, then I'll be through with them. That's a very comforting thought.'

"음, 마릴라 아주머니, 모르시겠어요? 사람이 할 수 있는 실수에는 한계가 있는 거잖아요. 그리고 제가 실수를 하고 나면 더는 실수하지 않게 될 거예요. 그 생각만으로도 정말 위안이 돼요."

35

'Aren't you very sorry for me, Marilla?'

'It was your own fault,' said Marilla, twitching down the blind and lighting a lamp.

'And that is just why you should be sorry for me,' said Anne, 'because the thought that it is all my own fault is what makes it so hard."

"마릴라 아주머니, 저 때문에 속상하시죠?"

"그건 네 잘못이야." 마릴라가 블라인드를 내리고 등을 켜며 말했다.

"그래서 속상하신 거잖아요." 앤이 말했다. "모든 게 제 잘못이라는 생각이 가장 괴로워요. 누군가를 탓할 수 있다면 훨씬 마음이 편할 텐데 말이죠."

36

'You're an un lucky child, there's no doubt about that; but as you say, you'll have the suffering of it.'

'Isn't it fortunate I've got such an imagination?' said Anne. 'It will help me through splendidly, I expect. What do people who haven't any imagination do when they break their bones, do you suppose, Marilla?'

"너는 참 운이 없는 아이야. 그건 분명해. 하지만 네 말대로 결국 고생하는 건 너야."

"제가 이렇게 상상력이 풍부한 게 참 다행이에요!" 앤이 말했다. "그 덕분에 버텨낼 수 있을 거로 생각해요. 그런데 상상력이 없는 사람들은 뼈가 부러졌을 때 어떻게 견디는 걸까요?"

37

'I've learned a new and valuable lesson today. Ever since I came to Green Gables I've been making mistakes, and each mistake has helped to cure me of some great shortcoming. And today's mistake is going to cure me of being too romantic.'

'Don't give up all your romance, Anne,' he whispered shyly, 'a little of it is a good thing—not too much, of course— but keep a little of it, Anne, keep a little of it.'

"오늘 저는 새롭고 소중한 교훈을 얻었어요. 그린게이블스에 온 이후로 실수를 많이 했지만, 그 실수들 덕분에 제 단점을 하나씩 고쳐나갈 수 있었어요. 그리고 오늘의 실수를 통해 제가 너무 낭만적인 성향이라는 문제를 고치도록 도와줄 거예요."

"낭만을 포기하지는 말아라, 앤." 매튜는 수줍게 속삭였다. "적당한 낭만은 좋은 거란다. 물론 지나치면 안 되겠지만, 조금은 낭만을 간직해두렴, 앤."

38

'Just think, Diana, I'm thirteen years old today,' remarked Anne in an awed voice. 'I can scarcely realize that I'm in my teens. When I woke this morning it seemed to me that everything must be different. You've been thirteen for a month, so I suppose it doesn't seem such a novelty to you as it does to me. It makes life seem so much more interesting. In two more years I'll be really grown up. It's a great comfort to think that I'll be able to use big words then without being laughed at.'

"생각해 봐, 다이애나. 오늘 난 13살이 되었어." 앤이 감탄하며 말했다. "내가 십 대라는 게 실감이 잘 안돼. 오늘 아침에 눈을 떴을 때, 모든 것이 달라졌을 거라고 느꼈어. 넌 한 달 전에 13살이 되었으니까 나만큼 새롭게 느껴지지는 않겠지. 하지만 13살이 되니 삶이 훨씬 더 흥미롭게 느껴져. 이제 딱 2년만 지나면 정말 어른이 돼. 그리고 그땐 거창한 말을 해도 아무도 나를 비웃지 않을 거란 생각만 해도 기분이 좋아."

39

Anne and Diana found the drive home as pleasant as the drive in—pleasanter, indeed, since there was the delightful consciousness of home waiting at the end of it.

'It's good to be alive and to be going home, 'I've had a splendid time,' she concluded happily, and I feel that it marks an epoch in my life. But the best of it all was the coming home.'

앤과 다이애나는 집으로 돌아가는 길이 떠나던 길만큼이나 즐겁게 느껴졌다. 아니, 오히려 더 즐거웠다. 왜냐하면 그 끝에는 집이 기다리고 있다는 기분 좋은 확신이 있었기 때문이다.
"살아있다는 것, 집으로 돌아간다는 것은 참 좋은 거예요. 정말 멋진 시간을 보냈어요."
앤이 행복하게 말했다. "이 순간이 제 인생에서 하나의 전환점이 될 것 같아요. 하지만 그 모든 것 중 가장 좋은 건 집으로 돌아오는 일이에요."

40

Betweentimes Anne grew, shooting up so rapidly that Marilla was astonished one day, when they were standing side by side, to find the girl was taller than herself. Marilla loved the girl as much as she had loved the child, but she was conscious of a queer sorrowful sense of loss.

그 사이 앤은 빠르게 자랐고, 어느 날 마릴라는 앤과 나란히 서 있다가 그녀가 자신보다 키가 더 커졌다는 사실에 놀랐다. 마릴라는 어린 앤을 사랑했던 만큼 소녀가 된 앤을 사랑했지만, 동시에 묘한 슬픔과 상실감을 느꼈다.

41

'It's nicer to think dear, pretty thoughts and keep them in one's heart, like treasures. I don't like to have them laughed at or wondered over. And somehow I don't want to use big words any more. It's almost a pity, isn't it, now that I'm really growing big enough to say them if I did want to. It's fun to be almost grown up in some ways, but it's not the kind of fun I expected, Marilla. There's so much to learn and do and think that there isn't time for big words.'

"소중하고 아름다운 생각들을 마음속에 간직하는 게 더 좋다는 걸 알게 되었어요. 그것들을 누군가가 비웃거나 이상하게 여기지 않았으면 좋겠어요. 그리고 더는 어려운 말을 써야 할 필요도 느끼지 않아요. 이제는 키도 크고 어른이 되어가지만, 막상 어려운 단어들을 쓸 수 있게 되었다는 게 아쉽기도 해요. 어떤 면에서는 어른이 된 기분이 들지만, 기대했던 그런 재미는 아니에요. 삶은 배우고, 해야 할 일이 많고, 깊이 생각할 것들이 많아서 어려운 말을 사용할 시간이 없는 것 같아요."

42

'We are rich,' said Anne staunchly. 'Why, we have sixteen years to our credit, and we're happy as queens, and we've all got imaginations, more or less. Look at that sea, girls—all silver and shadow and vision of things not seen. We couldn't enjoy its loveliness any more if we had millions of dollars and ropes of diamonds.'

"우리는 부자야!" 앤이 단호하게 말했다. "우린 16년이라는 추억이 있고 여왕처럼 행복하고, 모두 어느 정도의 상상력을 가지고 있잖아. 저 바다를 봐. 은빛과 그림자, 보이지 않는 것들의 환상이 가득해. 우리가 수백만 달러와 다이아몬드 목걸이를 가지고 있더라도 이 아름다움을 누릴 수는 없어."

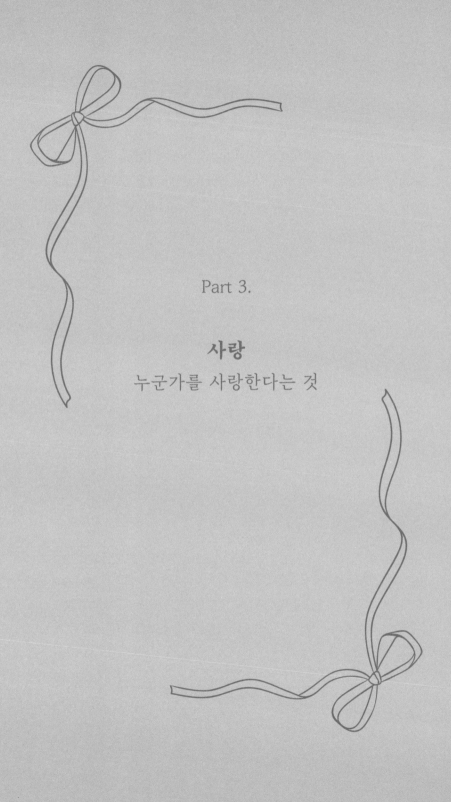

Part 3.

사랑
누군가를 사랑한다는 것

43

'She's smart and pretty, and loving, too, which is better than all the rest. She's been a blessing to us, and there never was a luckier mistake than what Mrs. Spencer made—if it was luck. I don't believe it was any such thing. It was Providence, because the Almighty saw we needed her, I reckon.'

"앤은 똑똑하고 예쁘고 사랑이 넘치는 아이야. 그것이 다른 모든 것보다 더 중요하지. 앤은 우리에게 축복이었어. 스펜서 부인이 실수로 데려온 것이 가장 운 좋은 일이었지. 그게 정말 실수였다면 말이야. 하지만 나는 그게 단순한 우연이라고 생각하지 않아. 신의 섭리였어. 전능하신 신께서 우리에게 이 아이가 필요하단 걸 아셨던 거지."

44

'Oh, it's delightful to have ambitions. I'm so glad I have such a lot. And there never seems to be any end to them— that's the best of it. Just as soon as you attain to one ambition you see another one glittering higher up still. It does make life so interesting.'

"꿈을 갖는다는 건 정말 즐거운 일이야. 나에게 꿈이 많아서 정말 기뻐. 꿈은 끝이 없다는 게 가장 좋은 점이야. 하나의 꿈을 이루면 또 다른 꿈이 더 높은 곳에서 반짝이는 걸 볼 수 있어. 그게 인생을 더욱 흥미롭게 만들어."

45

I've done my best and I begin to understand what is meant by the 'joy of the strife.' Next to trying and winning, the best thing is trying and failing.

나는 최선을 다했고 '노력의 기쁨'이 무엇을 의미하는지 이해했어. 노력해서 성공하는 것 다음으로 좋은 것은 노력하고 실패하는 거야.

46

'Well now, I'd rather have you than a dozen boys, Anne,' said Matthew patting her hand. 'Just mind you that— rather than a dozen boys. Well now, I guess it wasn't a boy that took the Avery scholarship, was it? It was a girl—my girl that I'm proud of.'

"저기, 앤. 나는 12명의 남자아이보다 너 하나가 더 좋단다." 매튜가 앤의 손을 토닥이며 말했다. "에이번리 장학금을 받은 건 남자아이가 아니잖아. 그건 내가 자랑스러워하는 여자아이가 받았잖니."

47

Avonlea settled back to its usual placidity and even at Green
Gables affairs slipped into their old groove and work was done
and duties fulfilled with regularity as before, although always
with the aching sense of 'loss in all familiar things.' Anne, new to
grief, thought it almost sad that it could be so—that they could
go on in the old way without Matthew.

───────

에이번리는 다시 평온한 일상으로 돌아갔고, 그린게이블스에서도 모든 일이 예전처럼
돌아갔다. 예전처럼 변함없이 흘러갔지만, 익숙함 속 상실감은 가슴 아프게 느껴졌다.
슬픔을 처음 겪는 앤은 매튜 없이도 예전처럼 살아갈 수 있다는 사실이 슬펐다.

48

Then she had been full of hope and joy and the future had looked rosy with promise. Anne felt as if she had lived years since then, but before she went to bed there was a smile on her lips and peace in her heart. She had looked her duty courageously in the face and found it a friend—as duty ever is when we meet it frankly.

그날은 희망과 기쁨으로 가득 차 있었고, 미래는 장밋빛 약속으로 빛났다. 앤은 마치 그 이후로 오랜 세월을 살아온 것 같은 기분이 들었다. 하지만 잠자리에 들기 전, 그녀의 입가에는 미소가 맴돌았고 마음에는 평화가 깃들었다. 앤은 자신의 의무를 용감하게 마주했고 '친구'로 받아들였다. 의무란 우리가 솔직하게 맞닥뜨릴 때 언제나 그런 존재니까.

49

I don't know what lies around the bend, but I'm going to believe that the best does. It has a fascination of its own, that bend, Marilla. I wonder how the road beyond it goes—what there is of green glory and soft, checkered light and shadows—what new landscapes—what new beauties—what curves and hills and valleys farther on.

굽은 길 너머에 무엇이 있는지 모르지만, 그곳엔 분명 최고의 것이 있을 거라고 믿어요. 그 굽은 길은 저마다의 매력이 있을 거예요, 마릴라 아주머니. 저는 그 길 너머가 어떻게 펼쳐질지 정말 궁금해요. 어떤 푸른 영광이 있고, 부드럽게 얽힌 빛과 그림자, 새로운 풍경과 어떤 새로운 아름다움, 더 멀리 어떤 곡선과 언덕, 계곡이 펼쳐질지 말이에요.

50

But if the path set before her feet was to be narrow she knew that flowers of quiet happiness would bloom along it. The joy of sincere work and worthy aspiration and congenial friendship were to be hers; nothing could rob her of her birthright of fancy or her ideal world of dreams. And there was always the bend in the road!

설령 그녀 앞에 놓인 길이 좁을지라도, 앤은 그 길을 따라 고요한 행복의 꽃들이 피어날 것을 알고 있었다. 성실한 노력과 가치 있는 열망, 그리고 마음이 맞는 우정에서 오는 기쁨이 앤을 기다리고 있을 것이다. 그 무엇도 앤의 타고난 상상력이나 꿈꾸는 이상적인 세상을 빼앗을 수 없다. 그리고 길에는 항상 굴곡이 있다!

Dear. 나의 모든 다이애나 배리

안녕, 다이애나?
오늘 이렇게 너에게 편지를 쓸 수 있게 돼서 너무 기뻐.
이 편지를 받은 너의 표정은 어떨까? 기분은 또 어떨까?
또 어떤 하루를 보냈을까?
정말 궁금하다.

나는 말이야, 어른이 되어 보니 세상은 역시
생각했던 대로 되는 것은 없다는 걸 많이 느껴.
하지만 그래서 더 매 순간이 소중하다고 생각해.
생각지도 못했던 행복한 일들이 생길 수도 있다는 거잖아?
정말 멋지지 않니?

여전히 내 안에는 수많은 앤이 존재해. 하지만 그 모든 앤을
인정하고 존중해. 그 모습 역시 사랑스러운 '나'니까.
다이애나, 너는 너를 얼마나 있는 그대로 사랑해 주고 있니?
매일 웃으려고 하는 너, 힘들어도 해내 보려는 너,
불안함을 느끼는 너, 공허함과 외로움을 느끼는 너,
사랑스럽게 웃는 너, 예쁜 것을 보고 행복해하는 너,
고된 하루 끝에 문득 내가 생각나는 너.
너의 있는 모든 모습을 나는 여전히 사랑해.

잊지 마!
네가 힘들어하고 방황하며 보낸 긴 여행을 끝내고 돌아왔을 때,
사랑하는 내가 너를 꼭 안아줄 거라는 걸!

다이애나의 사랑하는 친구, 앤 셜리가.